Das große Geld machen!
Wie man richtig reich wird.

(*How to Make Money*)

Von

B. F. Austin

Das große Geld machen!
Wie man richtig reich wird.

Drei Lektionen über
‚Die Gesetze finanziellen Erfolges'

(*How to Make Money*)

Von

B. F. Austin

Impressum:
© 2019 Maria Weber (Übers.)
Herstellung und Verlag: BoD – Books on Demand, Norderstedt.
ISBN: 978-3-73924-392-4

Inhalt.

1. Zweck der Lektionen. **9.**

2. Eine Vorhersage von Ergebnissen aus diesen Lektionen. **11.**

3. Die Gründe für diese Vorhersage. **13.**

4. Es ist keine besondere Fähigkeit erforderlich, um zu Reichtum zu gelangen. **15.**

5. Die Natur sieht Fülle für alle vor. **17.**

6. Unsere Wünsche sind Prophezeiungen und weisen auf die Möglichkeit von Wohlstand hin. **20.**

7. Es ist die Pflicht eines jeden Menschen, so viel Geld zu verdienen, wie er auf ehrliche Weise verdienen kann. **22.**

8. Liegt eine große Gefahr darin, Reichtum zu erwerben? **24.**

9. Wir versuchen, Ihre Wünsche nach Reichtum zu verstärken. **27.**

LEKTION I. Das Ändern eines Selbst.

1. Ändern Sie sich. **28.**
2. Armut ist eine psychische Krankheit. **38.**
3. Eliminieren Sie falsche Vorstellungen, Ideale und Stimmungen. **40.**
4. Wie man sich Sorge, Angst usw. entledigt. **45.**
5. Beanspruchen Sie unbegrenzte Kraft und Weisheit für sich selbst. **50.**

LEKTION II. Grundsätze und Erfolgsmethoden.

1. Halten Sie Ihren Körper und Geist in optimalem Zustand. **52.**
2. Vermeiden Sie jegliche Vergeudung von Zeit, Geld und Energie. **55.**

3. Seien Sie in geschäftlichen Dingen vorausschauend. **58.**

4. „Sagen Sie es sich selbst immer wieder vor": Autosuggestion. **60.**

LEKTION III. Grundsätze und Erfolgsmethoden

1. Machen Sie die Welt zu Ihrem Schuldner. Der Himmel wird es Ihnen zurückzahlen. **66.**
2. Große Ideen und Projekte interessieren große Geister. **68.**
3. Stärken Sie Ihre Willenskraft. **70.**
4. Halten Sie nach Gelegenheiten Ausschau. **73.**
5. "Denken Sie stets daran: Von nichts kommt nichts." **75.**
6. Wallace D. Wattles' praktische Ideen. **76.**
7. Wie Helen Wilmans die Armut besiegte. **80.**
8. Planung. **84.**
9. Der richtige Umgang mit Schwierigkeiten. **88.**

10. Wie sollen wir die Schwierigkeiten betrachten, denen wir im Leben begegnen? **89.**

11. Wie sollen wir mit unseren Schwierigkeiten umgehen? **91.**

12. Selbstbehauptung als Erfolgsfaktor. **93.**

1.
Zweck der Lektionen.

Der Zweck dieser Lektionen ist es, die mentalen und spirituellen Schwingungen des Schülers zu erhöhen, um ihm Hoffnung, Zuversicht und den Mut einzugeben, erhabenere Gedanken im Geist zu erwecken, erhabenere Pläne und Ziele anzuregen und die schlafende Energie im Leben freizusetzen, um die Begeisterung zu entflammen und die verborgenen Talente, die der Schüler besitzt und von denen er möglicherweise in seiner gegenwärtigen Entfaltungsphase nicht einmal träumt, zum Vorschein zu bringen.

Kurz gesagt, es ist unser Ziel, Menschen aus dem geistigen Schlummer zu erwecken, die unbegrenzten Ressourcen in der menschlichen Natur aufzuzeigen, zuerst die unsichtbaren Türen des geistigen Reichtums zu öffnen, danach jene zum Reichtum im materiellen Sinne, und solcherart das Leben zu veredeln und es in materieller Hinsicht zu verbessern.

Das Ziel des wahren Lehrers, der auch immer der wahre Arzt ist, muß immer das „reichhaltigere Leben" sein, von dem Jesus gesprochen und gelehrt hat. Dieses Leben, das Leben in Hülle und Fülle, in all seiner Schönheit zu offenbaren und die Gesetze aufzuzeigen, durch die es erlangt wird, mit Reichtum als einem natürlichen Teil der Abfolge, ist der Zweck der drei Lektionen, die wir nun beginnen.

2.

Eine Vorhersage von Ergebnissen aus diesen Lektionen.

Vorhersagen, die auf Beobachtung und Erfahrung basieren, und Kenntnisse der Naturgesetze sind äußerst lehrreich und wertvoll. Wir sagen zuversichtlich voraus, daß jeder Schüler dieser Lektionen nach dem Lesen und insbesondere nach dem erneuten Lesen und Studium tiefere Kenntnisse über das Thema „Erfolg im Leben" haben wird, sowie über größere Hoffnungen, mehr Begeisterung, mehr „Schneid", „Mumm" und „Grips" im Geschäft verfügen wird, und sein Lebenswerk mit einer solchen erweiterten Weisheit und einer so intensiven Energie in Angriff nehmen wird, daß sein Leben danach in jeder Hinsicht erfolgreicher sein und ihm größere Freiheit, mehr Glück und Stärke und größere finanzielle Mittel bescheren wird.

Kurz gesagt, niemand kann die Lehren dieser Lektionen anwenden, ohne daß sein Leben dadurch größer, edler und reiner und erfreulicher an geistigem und materiellem Besitz wird. Und für das Leben, das diese Lehren aufnimmt und anwendet, werden sie wie ein fruchtbarer Strom in der Wüste sein, der es zum Knospen und Erblühen bringt.

3.
Die Gründe für diese Vorhersage.

Mit absoluter Zuversicht mache ich diese Vorhersage, weil ich Ihnen keine Theorien präsentieren werde, die der Einbildung des Dichters oder Schriftstellers entspringen oder von einem verträumten Philosophen in der Abgeschiedenheit seiner Studien oder von einem Zeilenschinder stammen, der pro Seite für seine Theorien bezahlt wird. Vielmehr sind es die tatsächlichen Ergebnisse menschlicher Erfahrung, und ein Studium der Gesetze der Natur und insbesondere der Gesetze des finanziellen Gewinns. Ich werde Ihnen „den Kern" der besten Lehren einer Reihe unserer fähigsten Psychologen und Neugeist-Schreibern in konzentrierter Form präsentieren. Und ich werde das persönliche Zeugnis derjenigen anführen, die durch die Entdeckung der Gesetze des finanziellen Erfolgs und ihre Anwendung in ihrem Leben von Armut zu Reichtum aufgestiegen sind. Die hier festgelegten Grundsätze wurden im Labor der Lebenserfahrungen immer wieder geprüft und für richtig und praktikabel befunden.

Darüber hinaus habe ich sie selbst geprüft und ich lebe diese Prinzipien und beweise ihren Wert in meinem eigenen Leben.

Ein weiterer Grund, warum wir den Studenten diesen Erfolg zuversichtlich vorhersagen, ist die Tatsache, daß die Lehren rational sind, da sie im Einklang mit dem Leben und der menschlichen Erfahrung stehen und auf Gesetzen beruhen, die heute als die Befähigung, Reichtum anzuhäufen, bekannt und anerkannt sind. Und dazu braucht es keinen geheimnisvollen Zauberspruch, kein Mysterium, kein „billiges Wundermittel". Unsere Methode basiert allein auf der Erweiterung des Geistes und ist darauf ausgerichtet, Energie freizusetzen und anzuwenden, und Gesetze zu entdecken und sie mit dem einzigen unvermeidlichen Ergebnis zu verfolgen: den Charakter zu vergrößern und zu veredeln, den geistigen und materiellen Wohlstand zu vermehren.

4.

Es ist keine besondere Fähigkeit erforderlich, um zu Reichtum zu gelangen.

Der Weg zur Kompetenz, wenn nicht zum Wohlstand, steht jedem Mann mit gesundem Körper und Geist offen, der diese Gesetze studiert und anwendet. Die Tatsache, daß einigen Wenigen große Reichtümer gehören, und daß einige Männer scheinbar über Reichtümer stolpern und andere sie ihr ganzes Leben lang vergeblich suchen, hat einige zu der Annahme geführt, daß eine besondere Begabung der Natur notwendig sei, um Wohlstand zu erlangen. Zweifellos haben ein paar Männer ohne theoretisches Wissen des Gesetzes es in ihrem Leben angewandt, und zweifellos scheinen einige wenige Männer durch „Zufall" oder „Glück" zu Wohlstand gelangt zu sein. Doch in einem Universum, das auf Gesetzen basiert, gibt es nicht wirklich einen Zufall, und die große Mehrheit der Menschen, die Reichtum erlangt haben, haben entweder durch ihre eigene Geisteshaltung, durch die Lehren anderer oder durch

Eingebung das Gesetz erlernt und wenden es in ihrem eigenen Leben an.

Jeder Mensch mit gesundem Geist und Körper, so wiederholen wir, kann der Umstände in seinem Leben Herr werden, anstatt durch diese Umstände wie die Masse der Menschen versklavt zu werden. Es gibt einen Weg aus der Armut zum Reichtum, aus der Verborgenheit zum Ruhm, aus der Schwäche zur Stärke, vom unterwürfigen und schwachen Zustand des Geistes und des Lebens hin zur Herrschaft über den Geist und den Besitz. Die Tür zur Gelegenheit steht offen – oder ist zumindest unverschlossen.

5.

Die Natur sieht Fülle für alle vor.

Eine weitere einleitende Überlegung, die unsere Aufmerksamkeit verdient, ist die Tatsache, daß der offensichtliche Plan Gottes, wie er in der Natur offenbart ist, Überfluß für alle ist. Armut ist kein Teil des Plans der Natur, sondern das genaue Gegenteil ist der Fall: Die Natur hat Fülle für alle geschaffen. Was sie für die Bedürfnisse des Menschen bereitstellt, deckt nicht nur das Notwendigste ab, sondern das lebenspendende Gesetz der Natur sieht eine überreiche Fülle vor. Die Heimsuchung von Krankheit, Armut und Leiden nach dem Willen Gottes war in der Tat ein Teil der Alten Theologie, die jetzt praktisch tot ist und von der Neuen Theologie abgelöst wird, die alle diese Übel auf Unkenntnis und Vernachlässigung des Gesetzes zurückführt.

Als Kinder Gottes erben wir nicht nur das Recht auf Leben, sondern auf alles, was das Leben lebenswert macht. Aber von Armut wird jedes Leben eingeschränkt und gefesselt. Tatsächlich sind Freiheit, Stärke, Glück, Bildung,

Kultur, Reisen, Bücher, Kunst, Musik und Erholung, also die Dinge, die das Leben lebenswert machen, in Wahrheit ohne Reichtum unmöglich.

Nicht nur wird unser eigenes Leben durch Armut seines erfüllten und glücklichen Ausdrucks beraubt, sondern der Dienst der Menschen an ihren Mitmenschen ist in jeder Hinsicht durch Armut begrenzt. Menschen, die im Besitz großer Wahrheiten sind, die die Massen belehren und inspirieren könnten, große Pläne zur Reform unseres beklagenswerten sozialen und wirtschaftlichen Systems, große Ziele der Nächstenliebe für Bedürftige oder große Reformen planen, die sie gerne verwirklicht sehen würden, sehen sich in ihrer ganzen edlen Arbeit durch „fehlende Mittel" blockiert und behindert.

Die schnöde Welt mißt den Wert einen Menschen nicht nach seinem Intellekt oder seinem Charakter, sondern auch nach der Größe seines Bankkontos. Ein öffentlicher Dozent sagte kürzlich in meiner Anhörung und wurde dafür mit Applaus belohnt, daß er niemanden respek--tierte, der kein volles Bankkonto hätte.

So hart das auch erscheinen mag, werden wir aufweisen, daß es zumindest ein kleines Maß an Gerechtigkeit darin gibt, indem wir darauf hinweisen, daß Armut im Wesentlichen eine psychische Erkrankung ist und daß es aus Sicht des Charakters in diesem Zeitalter goldener Gelegenheiten keinen guten Charakterzug eines Menschen darstellt, arm zu sein.

6.

Unsere Wünsche sind Prophezeiungen und weisen auf die Möglichkeit von Wohlstand hin.

Alle Schüler der Natur und des Menschen erkennen, daß das Vorhandensein eines Verlangens in der Seele nach irgendeinem wirklichem oder angenommenem Guten eine natürliche Prophezeiung ist, die beweist, daß irgendwo eine Quelle der Befriedigung für dieses Verlangen vorhanden ist. Wenn mein Schüler nun an einen persönlichen Gott als Gestalter aller Dinge glaubt, kann er dann möglicherweise zu dem Schluß kommen, daß Gott uns mit Wünschen verspotten wollte, deren Erfüllung unmöglich ist? Wenn dem so wäre, wie Helen Wilmans treffend erklärt, wären diese in uns eingepflanzten Wünsche schlichte „Schuldscheine für eine bankrotte Bank". Wenn dieses Verlangen nach Reichtum also keine wahren Prophezeiungen wären, wäre der Mensch dazu bestimmt, sich aus der Barbarei zur Zivilisation zu erheben, um Elend und Leid zu erhöhen, da sich das

Verlangen mit dem Fortschreiten des Menschen auf dem Pfad der Evolution vermehren und verstärken wird. Alle Untersuchungen der Natur und der menschlichen Seele neigen daher dazu, uns davon zu überzeugen, daß das Leben des Menschen einen Überfluß von zeitlichem Gut aufweisen sollte, kurz gesagt, daß der Mensch seine Geschicke selbst lenken und nicht von ihnen beherrscht werden sollte. Wir gehen noch weiter und behaupten ohne zu zögern:

7.

Es ist die Pflicht eines jeden Menschen, so viel Geld zu verdienen, wie er auf ehrliche Weise verdienen kann.

Auf den ersten Blick mag es den Anschein haben, daß Erben von großem Vermögen, die keines weiteren Geldes bedürfen und keinen Sinn für Geschäfte oder Arbeit haben, von der Aufgabe des Geldverdienens befreit werden könnten. Das Gegenteil ist der Fall. Jeder Mensch, der die Vorzüge unserer wundervollen Zivilisation genießt, der die Nahrung zu sich nimmt, die irgendein Arbeiter angebaut, oder die Kleidungsstücke trägt, die irgendein Arbeiter angefertigt hat, und der den Schutz genießt, der allen frei zugestanden wird, schuldet der Welt etwas. Trotz seines großen Bankkontos und seiner ausgedehnten Ländereien ist er nur ein kultivierter „Armer", wenn er nicht auf irgendeine Weise zum Wohlstand der Welt beiträgt.

Und niemand hat genug Wohlstand, um nicht nur seine eigenen Bedürfnisse zu versorgen, sondern um den Ansprüchen einer Welt in

Krankheit, Leid und Trauer vollauf zu genügen und die heutigen großen Veränderungen der Lebensbedingungen zu planen und daran mitzuwirken.

Ein Mensch sollte von sich selbst, von der Gesellschaft, von Gott reichlich vom vorhandenen Gut verlangen. Der Strom der Fülle sollte mit wachsendem Ausmaß in sein Leben fließen, und der Strom der Wohltätigkeit sollte ebenso frei aus seinem Herzen und seinem Leben fließen, um die höheren Bedürfnisse der Menschheit zu befriedigen. „Umsonst habt ihr es empfangen, umsonst gebt es!"[1] Das ideale Leben ist jenes, in dem ein freies fürstliches Einkommen gesichert ist und der Mensch wie ein König leben sollte.

Ohne Reichtum kann kein Leben sein Höchstmaß an Freude, Kraft und Nützlichkeit erreichen.

---

[1] Matthäus 10,8.

8.

Liegt eine große Gefahr darin, Reichtum zu erwerben?

Zweifellos liegen größere Gefahren im Mangel an Wohlstand. Die einzige große Gefahr darin, Geld zu erwerben und zu besitzen, ist die Gefahr, ein Sklave des Geldes zu werden. Dies ist eine der übelsten Formen der Sklaverei, und vielleicht betäubt keine andere Form des Götzendienstes sämtliche höheren und erhabenen Qualitäten des Menschen so sehr wie die Habsucht. Der Geizhals ist der von allen am meisten verachtete Charakter und beweist die Wahrheit des alten Sprichworts „Geld ist ein guter Diener, aber ein strenger Meister."

Kein anderer Charaktertypus weist eine solch unvernünftige Torheit auf und scheint den Tadel so sehr zu verdienen: „Du Narr". Die einzige Schutzmaßnahme beim Erwerb von Reichtum ist die ständige, unermüdliche Kultivierung menschlichen Mitgefühls und die Ausübung von Wohltätigkeit. Ohne diese wird der Erwerb von Geld in der Regel von einem Erkalten der Moral und einer wachsenden Liebe zum Geld für rein egoistische Zwecke oder um des Geldes willen begleitet, die in der Habsucht und im elenden Zustand des Geizhalses endet. Es ist leicht zu verstehen, wie die strenge Sparsamkeit, zu der sich viele verpflichtet fühlen, während sie von Armut zu Wohlstand aufsteigen, und die ständige Angewohnheit, im Geiste nach mehr materiellem Gewinn zu streben, im Laufe der Jahre eine Veränderung des Charakters bewirken, so daß Menschen, die sich mit dem Ehrgeiz aufmachten, ein Vermögen zum Wohle der Menschheit zu gewinnen, mit dem Gewinn des Vermögens feststellen, daß sie jeglichen Wunsch, etwas Wohltätiges zu tun, verloren haben. Dies ist ein unbeschreibliches Unglück für eine Vielzahl von Menschen, die nicht von ihrem Geld, sondern durch die Liebe zum Geld versklavt werden und die großartigste Gelegenheit eines mit Geldbesitz begabten Lebens verpassen: Das Privileg, Reichtum zu nutzen, um sich und ihre Mitmenschen mit wachsendem Wissen, Glück und Tugend zu beglücken, die den ewigen Reichtum der Seele ausmachen.

Es ist tausendmal besser für einen Menschen, daß er unter den Nachteilen, Einschränkungen und Härten der Armut lebt und stirbt und den

Geist der Brüderlichkeit und der Menschlichkeit in seinem Herzen bewahrt, als daß er den Reichtum von Krösus erwirbt und seine Seele zur kleinlichen, gemeinen und niederträchtigen eines Geizhalses schrumpft.

Ein sehr guter Test unserer eigenen seelischen Einstellung gegenüber dem Geld, ein sehr guter Hinweis darauf, wie wir großen Reichtum einsetzen würden, wenn er zu uns käme, könnte in der ernsthaften Beantwortung der Frage liegen: Wie verwenden wir das Maß des Reichtums, das wir heute zur Verfügung haben? Wie viel haben wir im vergangenen Jahr zu rein wohltätigen Objekten beigetragen?

Ein Mensch sollte immer sein eigenes Königtum anerkennen und ein gutes Einkommen von der Welt fordern, und es ist seine Aufgabe, dafür zu sorgen, daß alle Hindernisse in ihm selbst und in seiner Umgebung beseitigt werden, die einen großzügigen Fluß des großen Stroms der Natur zu ihm selbst hemmen würden. Und dann sollte er wie ein König leben und seinen Mitmenschen gegenüber so großzügig sein wie ein König.

9.

Wir versuchen, Ihre Wünsche nach Reichtum zu verstärken

Anstatt die Akzeptanz von Armut zu fördern, predigen wir das Evangelium der Unzufriedenheit. Wir wollen Ihr Verlangen nach Reichtum wecken und Ihre Liebe nicht nach dem Geld, sondern nach den guten Dingen des Lebens, die das Geld mit sich bringt, verstärken. Es ist eine Fehlinterpretation des Lebens und jeglicher wahren Religion, entweder die gewaltigen Vorteile des Geldes oder das Recht und die Pflicht aller Menschen, es in dem Maße zu besitzen und zu nutzen, wie es ihrer Ehre und der Gerechtigkeit entspricht, zu bestreiten. Die den Menschen innewohnenden Wünsche, die Anforderungen der heutigen Welt in unserer komplexen Zivilisation an uns, das Gesetz der reichen Fülle, die überall in der Natur zu finden ist, beweisen, daß die Menschen die äußeren Umstände bezwingen und Reichtum anhäufen sollten.

LEKTION I.

DAS ÄNDERN EINES SELBST

Unsere erste einführende Lektion zielt darauf ab, dem Schüler den richtigen Standpunkt zum Thema zu vermitteln, damit er die Beziehung zwischen dem Charakter und den Errungenschaften im Leben klar erkennen und den Weg für die praktischen Regeln und Anweisungen ebnen kann.

Unsere erste Regel, und eine der wichtigsten von allen, lautet:

1.

Ändern Sie sich.

Der Schüler dieser Lektionen wird höchstwahrscheinlich folgenden Einwand einlegen: Wir erwarteten praktische Anweisungen über das Geldverdienen und unser Lehrer gibt uns eine theoretische Anleitung für den Charakteraufbau.

Und zwar aus dem guten Grund, daß Geld verdienen, Geld behalten und der richtige Gebrauch von Geld vom Charakter abhängen. Den Schülern konnte nichts beigebracht werden, das einen direkteren Einfluß auf materielle Interessen hat, als der Aufbau eines starken, mutigen, vorwärtsstrebenden und entschlossenen Charakters. Davon hängt in allen Bereichen menschlicher Bemühungen jeder wirkliche Erfolg im Leben ab. Die Menschen siegen über materielle Bedingungen, indem sie zuerst sich selbst besiegen. Die Menschen werden reich an weltlichen Gütern, indem sie reich an geistiger Kraft, an Glauben, Hoffnung, Mut und an den schöpferischen Geisteskräften werden. Das äußere Leben ist eine Reflexion des inneren Lebens, und jemand, der sein Inneres nicht beherrscht, kann nicht Herr über die äußeren und physischen Bereiche werden. Jemand, der sich in geistiger Armut befindet, moralische Schwäche oder einen furchtsamen Geist aufweist, kann nicht bereit sein, Wohlstand zu schaffen, zu Reichtum zu gelangen oder diesen Reichtum richtig einzusetzen.

Der große Meister aus Nazareth kannte die Reihenfolge, in welcher Glück, Harmonie, Gesundheit und Reichtum und wahrlich alles Gute von außen in das Leben kommen, und drückte dies folgendermaßen aus: „Trachtet zuerst nach dem Reich Gottes und nach seiner Gerechtigkeit, so wird euch dies alles zufallen."[2]

Viele Menschen wollen Ergebnisse in ihrem Leben, ohne sich wirklich darum kümmern zu müssen. Aber die Ergebnisse kommen nicht vom bloßen Wünschen. Die Ernte kann nicht ohne den Schweiß und die Mühe des Arbeiters und ohne die Aussaat des Samens eingefahren werden.

Alle größten Segnungen des Lebens und all unsere mächtigsten Errungenschaften resultieren aus dem richtigen Denken, dem richtigen Gefühl und dem rechten Willen.

Ehe ein Mensch die richtige Vorstellung vom Sinn des Lebens, von den unbegrenzten Kräften der menschlichen Seele bekommt, bis seine Natur danach brennt zu handeln, zu wagen und zu gewinnen, ehe sein Wille durch Übung entwickelt ist und er Mut und unbezwingliche Ausdauer erlangt hat, ist er schlecht gerüstet, um an Geld zu kommen oder es gut zu verwenden. Es lohnt sich also, den Zusammenhang zwischen

---

[2] Matthäus 6,33.

einem starken Charakter und großen Errungenschaften zu studieren.

Die meisten Menschen müssen im Garten ihres Verstandes gründlich Unkraut jäten, um die vielen ererbten und angewöhnten Ideen und Vorstellungen früherer Zeiten loszuwerden, um ihren Geist von Angst, Sorge und Zweifel zu befreien und darin den Samen des Glaubens an sich selbst, an die Natur, an das Gesetz des Überflusses, den Glauben an die eigenen Rechte und an die Entwicklung von Mut, Hoffnung, Ehrgeiz und Geduld zu pflanzen, bis sie sich geistig zu einem edleren Wesen entwickelt haben.

Da die gegenwärtigen Lebensbedingungen des Menschen, ob er in Armut oder Reichtum, Glück oder Elend lebt, weitgehend das Ergebnis seiner bisherigen Denkmethoden sind, werden seine zukünftigen Lebensbedingungen die unmittelbaren Folgen seiner zukünftigen Denkmethoden sein.

„Wie ein Mensch in seinem Herzen denkt, so ist er"[3], bedeutet, daß der Mensch in seiner Gesamtheit das Ergebnis seines (bewußten oder unbewußten) Denkens ist; seine Rede, sein

---
[3] Sprüche 23:7.

Auftreten, sein Gang, sein Gebaren, sein Wirken auf andere, sein Erfolg oder Mißerfolg sind die natürliche Folge seiner Gedanken.

Wie also kann sich jemand ändern? Auf dieselbe Art, wie ein Schneider einen Mantel ändert, ein Zimmermann ein Haus, ein Schiffsbauer ein Schiff umbaut: indem er die Vorlage oder den Entwurf ändert. Wir bauen unser Leben nach Idealen, während der Zimmermann sein Haus nach Plänen baut. Wenn wir unsere Vorstellungen, unsere Auffassungen vom Leben, seiner Privilegien und Verantwortlichkeiten, unsere subjektiven Meinungen über uns selbst und unsere Charakterideale ändern und uns bemühen, die neuen Ideen und Ideale zu verfolgen, werden wir Charaktere entwickeln, die im Einklang mit ihnen stehen. Was immer wir uns in unserem Leben in materieller Hinsicht wünschen, müssen wir zuerst in unseren Geist, in unsere Ideale, Absichten und in unseren Willen einbauen.

Ereignisse, Bedingungen und scheinbare Wirkungen von Zufall oder Wunder in unseren äußeren Lebensumständen geschehen gesetzmäßig und sind in Wahrheit zumeist Materialisierungen von Gebilden, die wir in unseren Gedanken errichtet haben.

Das Leben verläuft als ein Fluß vom „Innen" zum „Außen", vom mentalen und spirituellen zum physischen und materiellen Ausdruck. Wir müssen daher Reichtum im Geist schaffen, bevor wir dessen Besitz im Leben erkennen können.

Dies gilt nicht speziell für das Thema Geldverdienen, sondern für alle Aktivitäten im Leben, auf die gleiche Weise, wie der Architekt sein Haus zuerst in seinem Kopf baut, bevor er es auf der materiellen Ebene errichtet. Der Ingenieur baut seinen Tunnel in Gedanken, bevor er den Berg durchstößt oder seine U-Bahn-Strecke baut. Der Finanzmagnat schmiedet seine Pläne zur Gewinnsteigerung in der Stille und Verschwiegenheit seines eigenen Geistes, bevor er den ersten Schritt in Richtung ihrer Verwirklichung unternimmt.

Wir werden dies auf den nachfolgenden Seiten ausführlicher behandeln, und es für den Moment dabei belassen, daß der Leser von der großen Tatsache beeindruckt ist, daß die richtigen Ideen und Vorstellungen, die richtigen Pläne und Absichten, eine klare Sicht auf die Möglichkeiten, eine stark entwickelte geistige Schöpfungskraft, unerschütterlicher Mut, ein unnachgiebiger Wille und eine unermüdliche Ausdauer zu den wesentlichen Voraussetzungen für das Geldverdienen gehören.

Ich möchte dem Leser dieser Seiten versichern, daß die Gedanken, Zeit und Mühe, die er aufwendet, um diese Wahrheiten klar zu erfassen und fehlerhafte Ideen und Eindrücke aus dem Kopf zu vertreiben, um einen richtigen Standpunkt zu diesem Thema zu finden, nicht verschwendet sind. Sie bewirken die richtige Wahrnehmung seiner eigenen lenkenden Position in der Natur, einen richtigen Blick auf die eigene innige Beziehung zu und die nährende Verbindung mit der großen Quelle aller Weisheit, Stärke und Güte, aus welcher er in allen ehrlichen Bemühungen des Lebens unbegrenzte Kraft ziehen kann. Dies wird sich für ihn als ein unaussprechlicher Vorteil erweisen, wenn es darum geht, Armut zu überwinden und Wohlstand zu erlangen.

Diese Überlegungen sind keine zufälligen Randnoten, sondern für das Thema von entscheidender Bedeutung.

Der Schüler sollte daher seine eigene geistige und spirituelle Ausrüstung für den großen Kampf, den er zur Bezwingung der Bedingungen und Einschränkungen des Lebens unternehmen muß, genau unter die Lupe nehmen.

Dann muß er durch Nachdenken, Studium und Erfahrung ein klares und erhabenes Ideal jenes Charaktertyps erreichen, den er erreichen will, den Typus eines Menschen, der er werden muß, wenn er im Wettlauf um Wohlstand erfolgreich sein möchte, in der Schlacht, die er kämpfen will, um sich aus den „beengten, erbärmlichen und begrenzten" Bedingungen der Armut zu erheben und in den Genuß und zur Macht großen Reichtums zu gelangen.

Er wird sich zweifellos im Besitz von Geistesqualitäten und Charaktereigenschaften finden, die nicht nur nutzlos sind, sondern sich entschieden schädlich auf den Erfolg im Leben auswirken. Diese muß er beseitigen – egal wie groß die Anstrengung ist oder wie lange der Kampf dauert. Dann wird er andere geistige Qualitäten und Merkmale finden, die für den Erfolg wesentlich sind, in ihm aber abwesend oder nur schwach ausgeprägt vorhanden sind. Diese muß er entwickeln, nähren, üben und zu Stärke und Schönheit kultivieren.

Die Arbeit, sich selbst zu ändern, ist also eine dreifache Arbeit: eine gründliche Prüfung unserer eigenen geistigen, moralischen und spirituellen Ausrüstung für die vor uns liegende Schlacht; die Beseitigung unerwünschter Ideen,

Eigenschaften, Gewohnheiten usw., und die Kultivierung der unentwickelten Keime geistiger und spiritueller Qualitäten, die für den Erfolg unerläßlich sind.

Diese dreifache Vorbereitungsarbeit ist für das Streben nach Reichtum ebenso vernünftig und unabdinglich wie das sorgfältige Studium der geistigen Eigenschaften, die körperliche Begabung und das strenge Training des Athleten vor einem Wettkampf, welche ebenso notwendig sind wie die Disziplin, das Training und die Ausrüstung des Soldaten im Krieg.

Derjenige, der sich ohne diese dreifache geistige Disziplin für qualifiziert erachtet, die harten Wettkämpfe und enormen Schwierigkeiten in seinem Kampf um seinen Anteil an weltlichen Besitztümern zu bestreiten, ist ein ebensolcher Dummkopf wie derjenige, der ohne Übung in der Arena gegen den Athleten antritt.

Nur ein Narr erwartet die Ernte ohne Mühe und Aussaat. Nur ein Narr erwartet Ergebnisse ohne angemessene Ursache. Richtige Vorstellungen und Lebensansichten, die richtige Einschätzung der eigenen Kräfte, richtige Ideale und Ziele, der richtige Mut und Wille sowie die richtige Hoffnung und der richtige Geist bilden die angemessene Ursache für das Ergebnis, das wir als Erfolg bezeichnen. Sie sind der fruchtbare Samen für die Ernte, die man ernten möchte.

Der Schüler kann nicht zu sehr von der Notwendigkeit dieser geistigen und spirituellen Vorbereitung beeindruckt werden. Zeit, Geld, Mühe und Eifer werden in diesem Änderungsprozeß gut eingesetzt. Jeder Lehrer, der Ihnen einen fruchtbaren Gedanken eingeben kann, jedes Buch, das eine echte Inspiration mitbringen, jede Übung der geistigen Ertüchtigung, die den Willen stärken, jeder Lichtstrahl, der Ihnen eine klarere Sicht der wahren Ideale vermitteln kann, ist von unschätzbarem Wert für Sie.

2.

Armut ist eine psychische Krankheit.

Natürlich gibt es Ausnahmefälle, in denen die Armut einem Menschen durch Unglück oder andere Menschen – entweder durch unkontrollierbare Umstände in seinem eigenen Leben oder durch die Handlungen anderer Menschen – aufgezwungen wird. In den allermeisten Fällen jedoch ist die Armut des Menschen im materiellen Sinne als die natürliche und unvermeidliche Folge der Armut in ihm selbst gegründet – in seiner Denkart, seinen Gefühlen und seinem Willen. Die geistige Armut ist Mutter und Vater der materiellen Armut. Die äußeren Lebensumstände eines Menschen sind eine Reflexion seiner Gedankenwelt. Diese Sichtweise des Falles wird dem Lernenden in seiner Entschlossenheit helfen, den Zustand seines Denkens gründlich zu beurteilen und seine geistige Maschinerie in einen Zustand zu versetzen, in dem sie so effizient ist, daß sein ganzer Charakter einen edleren Typ annehmen wird, und mit dem natürlichen Ergebnis, daß sich seine verbesserte Mentalität in seinen äußeren Lebensbedingungen widerspiegeln wird.

3.

Eliminieren Sie falsche Vorstellungen, Ideale und Stimmungen.

Zu den irrtümlichen Vorstellungen, die möglicherweise aus dem Geist ausgemerzt werden müssen, gehört der Gedanke (der auf falsche religiöse Lehren zurückzuführen ist), daß der Besitz von viel Geld nicht mit der wahren Religion im Einklang steht. Es ist durchaus richtig, daß die Liebe zum Geld eine Wurzel des Bösen ist und daß viele Menschen, die über großen Reichtum verfügen, großen Versuchungen ausgesetzt sind, ihre geistigen Interessen zu vernachlässigen. Aber man darf nicht außer acht lassen, daß, wenn Geld geliebt und angebetet wird und Geld von kleinlichem Geiz gehortet wird, dies große Übel und eine Quelle großer Versuchung sind, die Armut auf der anderen Seite jedoch ebenfalls ihre besonderen Übel und Versuchungen aufweist und daß keine Position im Leben frei von möglichen Versuchungen ist, während jedes Gute im Leben durch Mißbrauch zu einem Fluch werden kann. Man beachte auch, daß der offensichtliche Plan der Natur Überfluß und nicht Armut ist, so daß, während wir sagen können, daß Gott der Urheber von Wohltaten und Überfluß ist, und das Naturgesetz gewiß Überfülle ist, niemand sagen kann, daß Gott der Urheber von Armut ist. Das Ziel, auf das die Natur abzielt, ist reiche Fülle für alle, und wenn wir einen Ursprung für Armut finden müssen, können wir ihn niemals auf einen Fingerzeig Gottes zurückführen.

Die Vorstellung, daß Krankheit, Leiden und Armut zwangsläufig mit einem religiösen Leben einhergehen, ist eine der falschesten Lehren, die je im Namen der Religion verbreitet wurden. Gott ist der Urheber von Gesundheit, Glück, Reichtum und Weisheit; und Krankheit, Elend, Armut und Unwissenheit treten auf, wenn unser Zustand unentwickelt ist oder wir uns selbst vernachlässigen. Kein Leben unter dem trüben Einfluß der Armut kann das „Leben in Fülle" sein, das reichhaltige, ausgewogene und wohltuende Leben, das sich jeder vernünftige Mensch wünscht.

Der Sorgen-Feind und seine Verbündeten müssen vertrieben werden, wenn Sie den Frieden und die innere Ruhe sicherstellen möchten, die für effizientes Denken und Arbeiten unerläßlich sind. Die heutige Psychologie erklärt in Trompetentönen, daß niemand Gesundheit genießen kann, der Opfer von Sorge, Ärger, Eifersucht oder Angst ist. Zusammen mit diesen sollten wir Unentschlossenheit, Ängstlichkeit, Niedergeschlagenheit und mangelndes Vertrauen in uns selbst, was alles negative Emotionen sind, die uns für den Lebenskampf völlig unfähig machen, ablegen!

Diese Emotionen erschöpfen die Lebensenergie und lassen einem Menschen nur einen Bruchteil der Kraft übrig, die er für die Mühen des Lebens benötigt. Die Leute erleiden mehr wirkliche Erschöpfung und Verlust von den Übeln, die sie fürchten, die jedoch niemals eintreten, als von den Übeln, die tatsächlich in ihrem Leben stattfinden. Bei der Beerdigung eines alten Mannes wurde über ihn gesagt: Er hatte eine Vielzahl von Schwierigkeiten im Leben, von denen die meisten nie stattfanden.

Was für eine unendliche Vergeudung, daß die Zeit und Kraft, die für uns und die Welt für große Errungenschaften genutzt werden könnten, zu oft mit Sorge, Angst oder Neid verschwendet werden – mit dem einzigen Ergebnis von Schwäche und Leiden und vertanen guten Gelegenheiten!

Angst wurde zu Recht als „der große Plagegeist der menschlichen Rasse" bezeichnet. Sie vergrößert unsere Feinde und verkleinert unsere Freunde. Es heißt dann: „Es ist ein Löwe im Weg!" Dieser Schrei ist der Schrei des feigen Dieners von Elischa: „Ach, mein Meister, was sollen wir tun?" Es sieht die Feinde und die Schwierigkeiten und vergrößert sie zu gigantischen Ausmaßen. „Die Furchtsamen und die Ungläubigen" gehen gemäß der Schrift beide in den Untergang.

Der gesamte Fortschritt der Menschheit ist im großen Ganzen und individuell ein Fortschritt von der Herrschaft der Angst zum Reich des Glaubens.

Angst hat eine seltsam magnetische Kraft, eine aus den Gedanken entspringende Kraft, in unseren äußeren Lebensumständen die gefürchteten Objekte zu materialisieren. Sie scheint ein Magnet von großer Stärke zu sein, der das vom Geist gefürchtete Objekt in die Umlaufbahn des Lebens zieht. „Die Sache, die ich fürchtete", sagte der heilige Schreiber, „ist jene, welche über mich gekommen ist." Der Glaube sagt dagegen mit Elischa: „Diejenigen, die für uns sind, sind größer als jene, die gegen uns sind." Der Glaube sieht es so, daß die himmlischen Heerscharen bereitstehen, um uns in Zeiten der Not zu helfen. Der Schüler soll sich an den Grundsatz erinnern: „Der Gedanke nimmt in Handlung und Sein Gestalt an."

4.
Wie man sich der Sorge, Angst usw. entledigt.

Anstatt unser Denken auf die Sorgen, Ängste, Zweifel und Unschlüssigkeit zu konzentrieren, die Gift für den Geist des Menschen darstellen, besteht die richtige Methode darin, zu vergessen, daß diese uns kontrolliert haben, und statt dessen alle unsere geistigen Bemühungen in die Kultivierung ihrer Gegenmittel zu stecken: Frieden, Vertrauen, Zuversicht, Entschlossenheit, Mut. Die vertreibende Kraft einer neuen und gegensätzlichen Idee oder Neigung wird von allen Psychologen anerkannt, und vom Standpunkt der Seelenkunde aus sollten wir dem Geist nicht erlauben, über unerwünschte Eigenschaften oder Dinge nachzudenken. Denken Sie an Gesundheit, nicht an Krankheit, an Erfolg, nicht an Versagen, an Mut, nicht an Angst, an Zuversicht, nicht an Zweifel, an das zunehmende Gute, das in Ihr Leben kommt, nicht an das Böse.

Insbesondere ist es notwendig, den Glauben an sich zu vergrößern und zu stärken, was nicht nur eine bloße Ansicht oder die Auffassung bestimmter Aussagen ist, sondern, wie Edward E. Beals es ausdrückt: „Der Glaube an sich ist das Verbindungsstück, das man erhebt, um die großen Kräfte des Lebens und der Natur zu berühren, und durch welches man von der Macht durchströmt wird, die sich hinter allen und in allen Dingen befindet, wodurch man in der Lage ist, diese Kraft in seinen eigenen Angelegenheiten anzuwenden." Dieser Vergleich ist am passendsten. Der Glaube an sich ist die entscheidende Verbindung zwischen der Seele des Menschen und seiner unerschöpflichen Versorgungsquelle. Mehr noch: Er ist der große Erwecker der schlummernden Kräfte in der Seele des Menschen. Den Kranken öffnet er die Quelle des heilenden Wassers in der Seele und überflutet den Geist mit neuem Leben und neuer Kraft. Den Schwachen bringt er Kraft, den Schüchternen Mut, den Verzweifelten Hoffnung. Der Glaube an sich öffnet die innere Sicht der Seele und offenbart die Wirklichkeit des geistigen Reiches, das, wenn es erkannt und geduldig darauf gewartet wird, die seltsame Kraft hat, sich in unseren äußeren Lebensumständen zu materialisieren.

Wir müssen den Glauben an uns selbst unermüdlich kultivieren. Kein Mensch, der innerlich von seiner eigenen Schwäche oder Minderwertigkeit überzeugt ist, wird jemals wirklich erfolgreich sein. Es sind die selbstbewußten, zuversichtlichen Menschen, die die Gedankenschwingung in sich tragen: „Ich kann und werde es tun", die im Kampf des Lebens siegreich sind.

Selbst wenn ein Mensch die geringe Meinung, die er von sich selbst hegt, für sich behalten könnte, würde es ihn in seinem Lebenswerk behindern. Doch dies geschieht ohnehin gewiß, weil die geheimen Ängste eines jeden, egal wie sehr er versucht, sie in seinem Sprechen oder seinem Verhalten zu verbergen, eine Atmosphäre des Zweifels, der Verhaltenheit und der Angst um ihn erzeugen, die alle Menschen, die mit ihm in Kontakt kommen, sofort instinktiv erfassen.

Gedanken und Stimmungen sind ansteckend. Niemand kann seine Gedanken ganz für sich behalten. Die Atmosphäre der Negativität von Zweifel und Unentschlossenheit, mit der sich eine Vielzahl von Menschen umgibt, dringt in die Gedanken anderer ein und verhindert den Erfolg überall.

Dieser Mangel an Vertrauen in sich selbst ist jedoch äußerst verheerend in seiner Wirkung auf einen selbst, denn er ist ein Frost, der alle knospenden Pläne, Ziele und Hoffnungen, die für den Erfolg so wichtig sind, tötet. Befreien Sie sich daher von allen falschen Vorstellungen über die Begrenztheit Ihrer eigenen Kräfte, auch wenn es wahr ist, daß Sie diese Kräfte nur in sehr begrenztem Maße entwickelt haben und es einen sehr großen Unterschied zwischen Ihrem Leben und dem „Leben großer Männer" zu geben scheint. Denken Sie daran, daß es absolut keine Begrenzung für das Ausmaß gibt, in dem Ihre Kräfte entfaltet werden können. Sie sind untrennbar mit dem Lagerhaus der göttlichen Weisheit, Kraft und Stärke verbunden und können nach Belieben und in beliebigem Maße dafür sorgen, „denn in Gott leben, weben und sind wir". Möglicherweise verfügen also auch Sie über mehr unentwickelte und ungenutzte Fähigkeiten, als Sie sich je vorstellen konnten.

Kultivieren Sie auch den Glauben an „die Kraft, die Gerechtigkeit bewirkt" an die Weisheit und Hilfe der Engel, als einer höheren leitenden Intelligenz in Ihrem Leben, an das „Schicksal" oder Ihren „Leitstern", wie die großen Geister, die Weltenlenker waren, es getan haben.

Kultivieren Sie auch den absoluten Glauben an die Gesetze (die Sie jetzt kennen) des finanziellen Erfolges, und denken Sie daran, daß der Thron Gottes nicht solider, der Lauf der Sonne nicht gewisser, das Gesetz der Schwerkraft keine festere Größe ist, als die Anwendung dieser festen Gesetze der finanziellen Steigerung.

Mit dem Glauben an sich selbst, an Ihre Mitmenschen und an das Gesetz halten Sie Ihren Kopf erhoben, versichern Ihre eigene Seele der Bemeisterung der Umstände, und betreten mit der Zuversicht des „Ich kann und ich werde"-Geistes die Arena des Lebens.

Helen Wilmans, zu deren bemerkenswerten Karriere wir später noch mehr sagen werden, erklärt:

„Ich habe mich grundlegend geändert. Früher war ich wie ein schlaffer Lappen, doch dann wurde ich zuversichtlich genug, um alle meine Ziele zu erreichen." An anderer Stelle erklärt sie: „Ich wurde wie eine Göttin und wußte, daß keine Macht mich würde besiegen können."

5.

Beanspruchen Sie unbegrenzte Kraft und Weisheit für sich selbst.

Bevor ein Mensch nicht zumindest einen Einblick in die Tiefen der menschlichen Natur erhält, kann er sich selbst oder die Möglichkeiten des Lebens niemals realisieren. Solange er sich selbst zurückhält und seinen Kräften Grenzen setzt, wird er seine Leistungen einschränken und sein ganzes Leben in engen Grenzen halten.

Die richtige Ansicht ist, daß niemand die Größe des Menschen (also Ihre Größe) messen kann, genausowenig wie man der Größe Gottes eine Grenze setzen kann. Der Mensch als Kind Gottes, das mit dem ewigen Fortschritt begonnen hat, ist, zumindest im Keim, ein Gott, und je klarer seine Sicht auf diese Wahrheit, je beständiger seine Erkenntnis dieser Tatsache ist, desto schneller manifestiert sich die Göttlichkeit in seinem Charakter und in seinem Leben. Jeder Mensch (also Sie) verfügt im Keim über alle Eigenschaften menschlicher Größe (alles Talent, alle Fähigkeiten und natürliche Begabungen, welche die Menschen je in der Geschichte gezeigt haben), aber auch über die Fülle der Göttlichkeit. Die Menschheit ist eine Familie der Götter. Sie haben daher nicht nur ein Talent, sondern verfügen über sämtliche menschlichen Begabungen. Sie verfügen über natürliche Geisteskräfte in Form von konzentrierter Energie und ausdauernder Willenskraft. Sie haben „alle Macht", wie Jesus von sich selbst sagte. Sie sind absolut in der Lage zu gewinnen. Verinnerlichen Sie diesen Gedanken: Er bedeutet Erfolg.

LEKTION II.

GRUNDSÄTZE UND ERFOLGSMETHODEN

1.

Halten Sie Ihren Körper und Geist in optimalem Zustand

Wenn der Geist durch Sorgen geschwächt wird, durch fruchtloses Bedauern, Vorahnungen oder indem Ihre geistigen Kräfte in den unharmonischen Schwingungen von Neid, Haß, Mißtrauen oder Bosheit aufgerieben werden; oder wenn Ihr Körper durch die Überschreitung seiner Grenzen oder durch Exzesse, über Maßlosigkeit in der Nahrungsaufnahme, in der Leidenschaft usw. geschwächt wird; oder wenn Geist und Körper nicht in Harmonie mit dem von der Natur vorgegebenen Plan für ihre harmonische Arbeit zusammenhängen, dürfen Sie keinen Erfolg erwarten. Wer sein Inneres nicht meistert, kann auch keine äußeren Umstände meistern. Wer sich nicht kontrollieren kann, kann auch die äußeren Umstände und

Einflüsse anderer Menschen nicht beherrschen. Es heißt: „Wer überwindet, wird alle Dinge erhalten"[4], aber es wird auch gesagt, daß ein in sich geteiltes Haus nicht bestehen kann.

In dem hervorragenden Zustand von Körper und Geist und ihrem harmonischen Wirken nach dem Plan der Natur, den wir im folgenden erläutern werden, wird die Kraft entwickelt, sich über ererbte Voraussetzungen zu erheben, Schwierigkeiten, schlechte Lebensumstände und scheinbar unüberwindbare Hindernisse zu überwinden und stetig auf seinem Weg zum Gipfel des Erfolgs voranzuschreiten.

Diese stetig wachsende Kraft kann in Ihr Leben gebracht werden, wenn Sie einen freien und klaren Geist in einem gesunden und kräftigen Körper bewahren und in Einklang mit dem göttlichen Plan der Natur arbeiten.

Möchten Sie wissen, worin dieser Plan besteht? Er offenbart sich in den Teilen des Gehirns, wo unten jene Bereiche zu finden sind, die den Appetit und die Leidenschaften steuern; weiter oben jene, die die intellektuellen Kräfte darstellen; und ganz oben jene, die die geistigen Fähigkeiten darstellen. Dies zeigt, daß der Körper

---

[4] Offenbarung 21:7.

dem Geist unterworfen ist und sowohl Geist als auch Körper der spirituellen Natur unterworfen sein sollten.

Basierend auf diesem Plan können Sie Ihr Leben organisieren und für Harmonie sorgen, und Harmonie bedeutet Frieden und Macht, ohne welche Sie in der Welt niemals erfolgreich sein können.

Wenn Leben und Charakter auf irgendeinem anderen Plan aufgebaut sind, müssen sie zwangsläufig widersprüchlich, schwach und chaotisch sein, da die spirituelle Natur niemals einen untergeordneten Platz einnehmen kann. Es ist Gottes Plan, Ihr Leben zu organisieren. Stimmen Sie den Geist daher positiv auf Ihren Körper ein, wobei die geistige Natur alle Bereiche des Lebens beherrschen sollte. Lassen Sie die Vernunft bestimmen, wie viel Zeit, Geld und Energie aufgewendet werden muß, wie weit den Gelüsten nachgegeben werden soll, wie viele Stunden Sie für Arbeit, Schlaf und Erholung aufwenden sollen und lassen Sie in allen Handlungen einen hohen spirituellen Zweck einfließen, um das Beste aus Ihrem Leben zu machen und für sich selbst und für die Menschheit das Beste zu erreichen.

2.

Vermeiden Sie jegliche Vergeudung von Zeit, Geld und Energie.

Eng damit verbunden ist die sorgfältige Erhaltung der Ressourcen und Möglichkeiten des Lebens. Es heißt, daß „Zeit Geld ist", aber Zeit ist unendlich viel mehr als Geld. Mit der Zeit läßt sich der Charakter formen und der Charakter formt das Schicksal, daher ist die Vergeudung von Zeit um ein Vielfaches schädlicher als die Vergeudung von Geld.

Damit Sie mich nicht mißverstehen: Ich bin kein Befürworter ständiger Arbeit, da ich der Meinung bin, daß Ruhe, Erholung und Unterhaltung ebenso notwendig sind wie Nahrung und körperliche Ertüchtigung, insbesondere für echte Arbeiter. Es ist jedoch eine unglückliche Tatsache, daß zumeist nicht Arbeiter, sondern Müßiggänger Erholung und Unterhaltung suchen. Ein gutes Urteilsvermögen muß bestimmen, wann Geist und Körper sich erholen müssen, und das Maß an Zeit und Geld, das dafür aufgewendet wird, wird nicht vergeudet, sondern sinnvoll angelegt.

Doch von einer Vielzahl von Menschen werden so viel Zeit und Geld unnötig vergeudet, wo Körper und Geist kein solches Opfer erfordern, so daß es vom Standpunkt der Selbstverbesserung schändlich wirkt, so viel vom Leben verschwendet zu sehen. Die von Männern und Jungen mit unsinnigen Beschäftigungen vertrödelten Stunden würden, wenn sie damit verbracht würden, zu lernen oder sich zu verbessern, bald zu effizienterer Arbeit, höheren Löhnen, einer geringeren Arbeitszeit und zu einem größeren Komfort, wenn nicht sogar Wohlstand, führen.

Jenes Geld, das für Zigarren, gelegentliche Drinks oder andere unsinnige Dinge ausgegeben wird, könnte, wenn es gespart und investiert würde, schon bald das notwendige Kapital als Grundlage für ein Vermögen ergeben.

Und wie viel menschliche Stärke und unwiderstehliche Kraft wird von vielen in müßigen Gesprächen, sinnlosen Aktivitäten oder dem Nachgeben ihrer Gelüste verschwendet, die ihren Handlungen, ihrer Überzeugungskraft und ihrem Durchsetzungsvermögen Kraft verleihen würden, wenn sie aufgespart würden anstatt sie zu vergeuden.

Tausende von Menschen gehen jeden Tag zur Arbeit und sind ihrer lebenswichtigen und für den Erfolg notwendigen unwiderstehlichen Kräfte beraubt, weil ihnen der notwendige moralische Mut und die Stärke fehlten, um ihren Körper und seine Leidenschaften zu beherrschen, anstatt von ihnen beherrscht zu werden. Das übermäßige Nachgeben jener Leidenschaften hat die Lebensperspektiven vieler Menschen ruiniert.

Die Erhaltung der lebenswichtigen im Keim befindlichen Kräfte im menschlichen Körper verleiht dem Auge ein Leuchten, bezaubert die Stimme, begabt die Persönlichkeit mit unwiderstehlicher Kraft und mit jener unbestimmbaren, aber höchst wirkkräftigen Fähigkeit, sich Zutritt in die Herzen und das Wohlwollen anderer zu verschaffen, wovon Erfolg stets stark abhängt.

Wenn Sie gewinnen möchten, gehen Sie voller Lebensfreude an die Arbeit, ins Büro, zur Konferenz oder zur öffentlichen Versammlung, und die Leute werden, auch ohne daß Sie irgendeine Handlung vollbringen, erkennen, daß ein König in ihrer Mitte ist.

3.
Seien Sie in geschäftlichen Dingen vorausschauend.

Es gibt so etwas wie die „Geschäftliche Hellsichtigkeit", und um erfolgreich zu sein, muß ein Mensch diese „innere Sicht" der Seele entwickeln, damit er die Türen der Gelegenheit und die Wege um ihn herum, die zum Erfolg führen, entdecken kann. Er muß sich in Wachsamkeit des Geistes, genauer Beobachtungsgabe, sorgfältigem Studium der gegenwärtigen und zukünftigen Bedingungen üben und seine Vorstellungskraft für konstruktive Erfolgsplanung einsetzen. In der Stille muß ein Mensch in sich gehen, die gegenwärtigen Bedingungen überdenken und mit seiner eigenen Seele Rat halten und dann mental möglichst gute Bedingungen für die Zukunft aufbauen.

Eine schwerfällige Menge durchquert den Kontinent, aber obschon die Menschen Augen haben, sehen sie nicht die offenen Türen für den Reichtum in der ungenutzten Wasserkraft, in der Wüste, die durch Wasser in ein Paradies verwandelt werden könnte, in der Förderung von Erz, das ein Eldorado schaffen kann; und sie haben zwar Ohren, hören aber nicht die vielen Stimmen, die nach dem starken Arbeiter und dem fruchtbaren Geist rufen, um die Wildnis in einen Rosengarten zu verwandeln. Ein Mensch unter Tausenden besitzt die geschäftliche Hellsichtigkeit als natürliches Geschenk; andere können sie durch Aufmerksamkeit, Übung und Studium entwickeln, und für diejenigen, die auf solche Weise die „Tür zur Gelegenheit" finden, ist der Rest leicht.

4.

„Sagen Sie es sich selbst immer wieder vor": Autosuggestion.

Zweifellos ist die bemerkenswerteste Entdeckung in der heutigen Psychologie die wunderbare Kraft, mit der die Suggestion zur Charakterbildung und dem Erwachen der seelischen Kräfte beiträgt. Es hat sich gezeigt, daß unser Leben in hohem Maße durch Suggestion beeinflußt wird, d. h. durch Eindrücke, die sich dem Geist durch das, was wir sehen, hören und fühlen, oder durch telepathische Handlungen anderer Geister einprägen. Dies gilt für Menschen im Allgemeinen, und es ist gut möglich, daß sie im normalen Wachzustand auf diese Art und Weise stärker beeinflußt werden, als dies auf den ersten Blick möglich erscheint. Unter dem Einfluß einer von außen oder durch Telepathie an sie herangebrachten Suggestion tun Menschen oft etwas, das sie nicht geplant hatten; was sie in einigen Fällen nicht gewagt hätten, und oft mit überraschenden Ergebnissen für sich und andere.

Unter dem Einfluß von „Suggestion" haben Menschen Aufgaben übernommen, die sie normalerweise abgeschreckt hätten, zuweilen mit phänomenalem Erfolg. Manchmal entwickelten sie sogar in den neuartigen Versuchen, zu denen sie auf solche Weise angeregt wurden, eine Stärke von Geist und Körper, von der sie selbst nicht wußten, daß sie ihnen innewohnt, und aus welcher sie oft neue Stärke und Inspiration für ihr Lebenswerk schöpften.

Während dies für eine Suggestion gilt, die im normalen Wachzustand übermittelt wird, hat sich gezeigt, daß die Suggestion, die einem im Schlaf oder im Zustand der Hypnose übermittelt wird, tiefer auf das Wesen einwirkt, das Leben viel stärker beeinflußt und einen äußerst überraschenden, scheinbar magischen Effekt hat, indem sie die schlummernden Kräfte und Talente der Seele weckt. Tatsächlich sind die Aufzeichnungen über die Wirkungen der Suggestion so wunderbar, daß sie in der Psychologie als die „Wunderlampe" der modernen Zeit angesehen werden können.

Ihre Auswirkungen zeigen sich nicht nur in einer veränderten und gestärkten geistigen Verfassung, in mehr Mut, Zuversicht, Wagemut und gesteigerten Fähigkeiten, sondern ihre wundersamen Auswirkungen auf den menschlichen Körper werden mittlerweile überall in der Heilung von Krankheiten und der Überwindung der Trunk- und Opiumsucht und der allgemeinen Regeneration des menschlichen Systems anerkannt.

Die Lehrer der Neuen Schule und alle Schüler der Neuen Psychologie kennen sie als eines der effizientesten Instrumente beim Aufbau des Charakters und der zweckmäßigen Erziehung von Kindern. Durch gedankliche Suggestion wirken Eltern heute auf ihre schlafenden Kinder ein, um für die Zukunft eine erhabene Form von Männlichkeit und Weiblichkeit zu schaffen, die über geistige und körperliche Fähigkeiten verfügt, die die der vergangenen Tage übertrifft.

Während all dies und noch viel mehr für Suggestion gilt und viele im Verborgenen die Kranken heilen und die Lasterhaften durch zweckmäßige Suggestionen im Schlaf reformieren, ist es nicht allgemein bekannt, daß dieselbe wunderbare Kraft von einer Person an sich selbst, durch das, was als Autosuggestion bekannt ist, angewendet werden kann.

Das Unterbewußtsein, das kein zweites Bewußtsein oder ein separates Bewußtsein ist, sondern das größte Reservoir innerer geistiger

Aktivitäten, das ständig aktiv ist und automatisch arbeitet, das nur logische Schlüsse zieht, das alle lebenswichtigen Funktionen (Verdauung, Kreislauf, Atmung, Aussonderung, Ernährung usw.) steuert und regelt, ist im Zustand des Schlafs und der Hypnose offen für Suggestionen durch unser gewöhnliches Bewußtsein im Wachzustand. All unser gewöhnliches Denken, unsere Erfahrungen aller Art, sind Suggestionen an den subjektiven Geist, der sie empfängt, wie der Trichter in der Mühle alle Körner aufnimmt, und fortfährt, sie zu Material für den Aufbau unseres Geistes und zu Mustern und Idealen für die Wiederherstellung unserer Körper zu zermahlen. Daher geben wir diese Suggestionen dem Unterbewußtsein ständig vor und bauen Geist und Körper den Suggestionen entsprechend ständig um.

Wenn wir dann Gesundheit, Kraft, starke Mentalität, großen Mut, Zuversicht und Willenskraft wollen, müssen wir in diese Richtung Suggestionen machen, indem wir uns beständig den Besitz dieser Eigenschaften affirmieren; und nur zu gewiß werden wir sie dann in unseren Charakteren entwickelt und in unserem Leben reichlich manifestiert finden.

Eine feste Vorstellung von Gesundheit, Glück und Erfolg, die durch die Autosuggestionskraft des Geistes in ihn eingepflanzt wird, ist jedem Menschen mehr als ein Vermögen wert.

Auf diese Weise sollten wir, durch eine stete Anwendung der Autosuggestion, den stärksten Glauben an unsere eigenen Fähigkeiten in unserem Unterbewußtsein festsetzen. Dr. Quackenbos von der Columbia University hat durch Suggestion in einigen Monaten scheinbar wundersame Ergebnisse bei der Entwicklung großer Fähigkeiten in Musik und Kunst bei Jungen und Mädchen erzielt, die normalerweise jahrelange Übung erfordert hätten. Diese Fähigkeiten hätten sich unter keinen Umständen durch bloßes Training, ganz gleich, wie lange dieses angedauert hätte, manifestiert, sondern wurden durch die seltsame Kraft, welche die Suggestion auf die schlummernden Kräfte der Seele ausübt, hervorgerufen. Suggestionen, die einem Schüler unter Hypnose gegeben werden, werden mit unhinterfragtem Glauben angenommen, und der Glaube scheint eine geheimnisvolle Kraft zu haben, zu heilen und zu inspirieren, und vor allem, um schlummernde Talente zu wecken.

Die Menschen können im Allgemeinen dasjenige tun, was sie glauben tun zu können, und sie können dasjenige nicht tun, von dem sie glauben, daß sie es nicht können. Wir sehen dies am Beispiel des hypnotisierten Jungen, dem gesagt wird, daß er eine bestimmte Linie auf dem Boden nicht überqueren kann. Er versucht vergeblich, sie zu überqueren. Sein Glaube hält ihn gefangen und unterdrückt seine natürlichen physischen Kräfte.

Auf der anderen Seite habe ich den hypnotisierten Jungen häufig, unter der Suggestion, daß er ein begnadeter Redner wäre, sich erheben und eine überraschende Ansprache halten gehört, wozu er in seinem gewöhnlichen Zustand gänzlich unfähig war. Und ich habe gesehen, wie eine hypnotisierte Person unter dem Einfluß einer Suggestion über den Kopf eines Mannes sprang – etwas, das sie im Wachzustand unmöglich hätte bewerkstelligen können.

Niemand kennt die schlummernden Kräfte des Geistes. Wenn Sie sie wecken wollen, müssen Sie sich täglich durch Autosuggestion den uneingeschränkten Glauben an sich selbst eingeben.

LEKTION III.

GRUNDSÄTZE UND ERFOLGSMETHODEN

1.

Machen Sie die Welt zu Ihrem Schuldner. Der Himmel wird es Ihnen zurückzahlen.

Wir wissen nicht, wie viel Vertrauen der Schüler in das unsichtbare Universum oder in das Wirken unsichtbarer Kräfte im Leben der Sterblichen haben kann, aber wir werden es wagen, das Gesetz des finanziellen Erfolges zu formulieren, das uns aus uralten Quellen überliefert wurde und von dem von vielen geglaubt wird, daß es eine okkulte Herkunft hätte. Tatsächlich soll es eine viertausend Jahre alte Lehre eines bekannten Hindu-Wissenschaftlers sein. Es soll das Gesetz des weltlichen Fortschritts, vom geistigen Leben aus gesehen, sein, und es wird oben in der Überschrift dieses Absatzes gesagt: „Machen Sie die Welt zu Ihrem Schuldner", indem Sie der Menschheit in jeder Hinsicht dienen, vor allem aber auf der höchstmöglichen Ebene, der spirituellen. Sorgen Sie dafür, daß die Schuld so groß wie möglich ist. Tun Sie alles, was Sie können, wann und wo immer Sie können, auf jede Art und Weise und für jeden Menschen.

Der zugrunde liegende Gedanke ist, daß die Engel, die Gottes Vorsehung hier auf der sterblichen Ebene verwalten und Hüter der Menschheit sind, jeden Akt der Freundlichkeit, welche Sterblichen anderen erweisen, registrieren und sich bemühen, ihnen dies nicht nur mit geistigen, sondern auch mit weltlichen Gütern zurückzuzahlen.

Der Gedanke an die freundliche Barmherzigkeit und die Hilfe der Engel Gottes muß jeden Arbeiter zum Wohl der Menschen stärken und aufmuntern.

2.

Große Ideen und Projekte interessieren große Geister.

Die meisten Leben sind, wie bereits erwähnt, arm und gewöhnlich in ihrem äußeren Anschein und ihren Lebensbedingungen, weil die Individuen seelisch verarmt und von Armut geplagt sind. Kleine Gedanken, Pläne und Ideale wecken wenig Interesse, wenig Anstrengung, wenig Eifer im Individuum und rufen wenig oder kein Interesse bei anderen hervor. Der markante Unterschied zwischen dem Popcorn-Mann an der Ecke und dem Großen der Industrie oder dem Finanzmagnaten liegt in der Größe ihrer Ideen und Vorstellungen. Popcorn-Ideen führen zu einem Popcorn-Leben; große Ideen, Projekte und Unternehmen hingegen erwecken die Seele des Einzelnen zu Eifer, Anstrengung, Mut und Kühnheit, die im Einklang mit den großen Ideen stehen.

Große Männer können nicht mit einem Projekt von unbedeutendem Charakter angesprochen werden; Zeit und geistige Kraft sind zu wertvoll, um sie für Dinge zu verschwenden, die sich nicht lohnen. Wenn wir die Theorie eines überschattenden geistigen Universums akzeptieren, das von über die Menschheit wachenden Geistern überflutet ist, können wir ebensogut glauben, daß die edelsten Intelligenzen dort nicht mit einem Sterblichen in Verbindung treten werden, der nichts „Lohnenswertes" tut.

Ein Mann sollte ständig größere und noch größere Unternehmen planen und den Mut und die Kühnheit besitzen, sich an diese neuen Unternehmen zu wagen, die sich auf die sich entwickelnden Kräfte seiner eigenen Seele, auf das große Gesetz der Evolution, auf die Hilfe durch die Engel und auf den „Schicksalsstern" stützen, um seine Bemühungen mit Erfolg zu krönen. Große Ideen und Projekte, wenn sie von fundiertem Urteilsvermögen, richtigen Plänen und angemessenem Eifer begleitet werden, bringen große Männer und großen Erfolg hervor.

3.

Stärken Sie Ihre Willenskraft.

Der Wille ist die lenkende Kraft der Seele, und wenn er im Einklang mit der Natur ist, kann er zu einem Kanal für persönliche und spirituelle Energie werden, die so real ist wie die Kraft der Schwerkraft oder der Elektrizität. Wenn er falsch gelenkt wird, kann er nicht von sich aus den Erfolg sichern, denn der menschliche Wille muß immer dem göttlichen Willen unterworfen sein und mit ihm in Einklang stehen. Einige Lehrer und Schriftsteller sprechen davon, als ob der einzelne Mensch durch bloße Willenskraft die Naturgesetze aufheben oder den göttlichen Willen vereiteln könnte, wie er im allgemeinen Gesetz ausgedrückt wird. Doch dem ist nicht so. Ebenso könnte man auch behaupten, daß ein Mann, der an seinen Schnürsenkeln zieht, sich dadurch über einen Berg erheben könnte. Wo jedoch ein Mensch Wahrheit und Gerechtigkeit will oder einen großen Plan im Einklang mit der natürlichen Ordnung formuliert, wird der Wille des Menschen somit eins mit dem universellen

Willen, der ein Kanal der göttlichen Kräfte des Universums ist. Es scheint keine wirkliche Grenze für das Erreichen menschlicher Errungenschaften im Einklang mit den Gesetzen der Natur zu geben, wenn sie von einem starken und unbeugsamen Willen unbeirrt verfolgt werden. Die Grundlage aller persönlichen Macht liegt in diesem Willen. Alle großen und erfolgreichen Charaktere besitzen ihn in hohem Maße.

Ein starker Wille ist eine gewaltige mitreißende Kraft in der menschlichen Natur, die einen Schwingungsstrom in Richtung ihres Besitzers erzeugt, entlang dessen die Objekte, die er will, zu ihm gebracht werden. Sie funktioniert nach dem Naturgesetz, aber ihre Ergebnisse scheinen manchmal wundersam.

Der Schüler sollte sich selbst durch häufige Affirmationen im Tempel seiner eigenen Seele seines Willens und seiner Fähigkeit versichern, alle Schwierigkeiten zu überwinden. Viele haben vorgeschlagen, folgende Affirmation ständig anzuwenden: „Ich kann und werde es tun."

„Der menschliche Wille, diese unsichtbare Kraft,
Der Sproß einer unsterblichen Seele,
Kann sich einen Weg zu jedem Ziel freihauen
Selbst wenn Mauern aus Granit ihn versperren."

Es war diese in hohem Grade entwickelte Willenskraft, welche den kleinen Korsen Napoleon Bonaparte in den prächtigsten militärischen Führer und Eroberer verwandelte, den die Welt je gesehen hatte. Er betrachtete nichts für unmöglich und beharrte darauf, daß das Wort „unmöglich" nur im Wörterbuch der Dummköpfe gefunden wurde, daß es überhaupt kein französisches Wort wäre. Als ihm gesagt wurde, daß die Alpen seinem siegreichen Einmarsch nach Italien im Weg stünden, sagte er einfach: „Dann soll es keine Alpen geben" und der Simplonpaß war das Ergebnis.

4.

Halten Sie nach Gelegenheiten Ausschau.

Der nach Reichtum Strebende muß all seine geistigen Fähigkeiten stets in Bereitschaft halten, indem er nach „sich eröffnenden Gelegenheiten", „günstigen Gezeiten" Ausschau hält und genug Pläne schmiedet und mutig genug ist, um sie zur Ausführung zu bringen.

„Einmal kommt für jeden Mann und jede Nation der Moment, sich zu entscheiden", sagt Shakespeare: „Es gibt eine Strömung in den Angelegenheiten der Menschen, die einen, wenn man bei der Flut aufspringt, zum Erfolg trägt."

Ein Mann sollte im Voraus für diese offenen Türen bereit sein. Der in Bereitschaft stehende Mann sollte immer bereit sein für einen höheren Posten. Wer nurmehr seinen Posten hält, ist nicht für eine höhere Position geeignet. Lesen Sie die Lebensbeschreibungen von Männern, die von der untersten zur obersten Sprosse der Leiter aufgestiegen sind, und Sie werden Männer finden, die sich in Voraussicht geübt und durch zusätzlichen Dienst ihren eigenen Vormarsch vorbereitet haben.

Wenn die Tür sich öffnet, treten Sie ein. Wenn sich Ihnen die Gelegenheit bietet, ergreifen Sie die Gelegenheit beim Schopfe, denn wie die Alten sagen, wird der Schopf bald kahl sein. Die Spanier haben ein Sprichwort: „Die Hälfte des Unglücks im Leben kommt davon, daß man sein Pferd zügelt, wenn es gerade zum Sprung ansetzt."

5.

"Denken Sie stets daran: Von nichts kommt nichts."

Der Schüler wird im Hinterkopf behalten, daß, wenn große Anstrengungen auf das rechte Denken, Fühlen und Wollen, und viel Arbeit auf das Studium der Sache aufgewendet werden, dies alles mit einem einzigen Ziel vor Augen geschieht: dem rechten Handeln zur rechten Zeit. Nichts kann einem die geduldige, mühsame Arbeit ersparen. Ideen drücken sich in Handlungen aus. Eifer, Willenskraft, Zuversicht und Energie werden in Arbeit umgesetzt.

Helen Wilmans sagt am zutreffendsten: „Von nichts kommt nichts."

6.

Wallace D. Wattles' praktische Ideen.

In einem kleinen Pamphlet darüber, „Wie man bekommt, was man will" erteilt uns Mr. Wallace D. Wattles einige sehr wertvolle und sachdienliche Ratschläge zum Thema Geldverdienen sowie zu anderen Erfolgsbereichen. Wir fassen einige seiner praktischsten Lehren zusammen:

Die Ursache des Erfolgs liegt immer in der Person, die Erfolg hat; jeder Verstand ist aus denselben wesentlichen Elementen gebildet und verfügt über dieselben Fähigkeiten.

Der Unterschied bei den Menschen ist der Grad ihrer Entwicklung. Es ist daher sicher, daß Sie Erfolg haben können, wenn Sie das Mittel zum Erfolg herausfinden, ausreichend stark entwickeln und in Ihrer Arbeit richtig anwenden können.

Sie können jede Macht unbegrenzt entwickeln, daher können Sie auch genügend Tatkraft entwickeln, um erfolgreich zu sein.

Sie müssen spezielle Fähigkeiten entwickeln, um diese in Ihrer eigenen speziellen Arbeit einzusetzen.

Sie müssen für eine Geschäftsidee diejenige auswählen, die ihren stärksten Fähigkeiten am besten entspricht, und dann diese stärksten Fähigkeiten auf das Äußerste ausbauen.

Erfolg hängt nicht allein oder hauptsächlich vom Besitz dieser besonderen Fähigkeiten ab, die nur die Werkzeuge des Erfolgs sind, sondern mehr von der Macht, die Werkzeuge einzusetzen – dieses gewisse Etwas in der Person, die sie dazu bringt, ihre besonderen Fähigkeiten erfolgreich zu nutzen, nennen wir aktives Kraftbewußtsein.

Es ist die Haltung und mehr als die Haltung, es ist die Überzeugung und mehr als nur diese, es ist das, was Sie fühlen, wenn Sie wissen, daß Sie etwas tun können und wissen, wie dies zu tun ist.

Sie müssen lernen, dieses Kraftbewußtsein zu entwickeln, damit Sie wissen, daß Sie tun können, was immer Sie wollen. Sie dürfen nicht nur glauben, daß Sie Erfolg haben können, sondern Sie müssen dies auch wissen; und Ihr Unterbewußtsein muß ebenso wie Ihr Verstand wissen, daß Sie erfolgreich sein können.

Die Menschen mögen objektiv denken, daß sie Erfolg haben können und doch wird ihr Unterbewußtsein den Erfolg durchkreuzen.

Daher muß Ihr Unterbewußtsein gänzlich von dem Wissen durchdrungen sein, daß Sie die Kraft zum Erfolg haben und wissen, wie Sie ihn erlangen können und werden.

Wiederholte Affirmationen im Laufe eines Monats, insbesondere kurz vor dem Einschlafen, mit Aussagen wie der folgenden werden Ihnen helfen, zu einem unterbewußten Wissen über den Erfolg zu gelangen: „Ich kann Erfolg haben"; „Ich bin erfolgreich"; „Was anderen gelungen ist, wird auch mit gelingen"; „Ich kann tun, was ich will"; „Ich kann bekommen, was ich will."

Um mehr zu bekommen, müssen Sie das Beste, was Sie haben, auf konstruktive Weise nutzen: Der Fortschritt hängt von der idealen Nutzung dessen, über was sie verfügen, ab. Das Eichhörnchen erhält durch das Springen nach dem Gesetz der Evolution mit der Zeit Flügel. Ihnen werden niemals Flügel wachsen, wenn Sie nur halb so weit springen, wie Sie können. Jeder, der eine Sache perfekt beherrscht, hat damit die Möglichkeit, etwas Größeres zu erreichen.

Das Gesetz besagt, daß überall, wo eine Organisation über mehr Leben verfügt, als auf einer vorhandenen Ebene Ausdruck finden kann, ihr Überschuß an Leben sie auf die nächsthöhere Ebene hebt. Leben Sie jetzt für die Zukunft, aber leben Sie nicht jetzt in der Zukunft. Verbessern Sie Ihre Geschäfte, gewinnen Sie mehr Freunde, eine bessere Position, indem Sie das, was Sie jetzt haben, konstruktiv einsetzen. Konzentrieren Sie all Ihre konstruktiven Energien auf den Gebrauch dessen, was Sie heute haben. Sehen Sie jedes ihrer Geschäfte als Erfahrung an (auch die nachteiligen) und zu einem Sprungbrett für edlere Dinge. Denken Sie daran, es ist der Überschuß an Leben (bzw. der Lebensfähigkeit) auf einer Ebene, der die Evolution auf die nächsthöhere Ebene vorbereitet. Gewinnen Sie Freunde, indem Sie sich für jeden interessieren, dem Sie begegnen. Nutzen Sie jede Beziehung perfekt aus und halten Sie sich für die mit Gewißheit kommende Verbesserung bereit.

7.

Wie Helen Wilmans die Armut besiegte

Die „Lebensgeschichten von großen Männern" und auch von großen Frauen, „erinnern uns alle daran, daß wir unser Leben verbessern können." Keine Wahrheit in Worten beeindruckt uns so sehr wie die Wahrheit in einem Leben. Die Lebensgeschichte von Helen Wilmans ist eine Bibel von Offenbarungen für unser Zeitalter, in dem wir voller neuer Gedanken, neuer Theologie und göttlicher Inspiration leben.

Mrs. Wilmans erklärt, daß der Armut Angst zugrunde liegt, Angst vor anderen und Mißtrauen gegenüber sich selbst. Sie schreibt: „Ich habe die Armut auf das Gründlichste erfahren. Ich war in meinen jüngeren Jahren überzeugt von ihrer Macht. Ich sah andere als mir überlegen an, ich war bereit, einen Platz unter ihnen einzunehmen. Ich wurde Tag und Nacht von meiner materiellen Not gepeinigt."

„Dann begann ich nachzudenken, zuerst über das Thema Religion, dann über andere Dinge, und mein Verstand zerriß seine Fesseln, so daß ich zur Erkenntnis gelangte. Ich warf hundert Glaubenssätze ab, die für die Erlösung als wesentlich erachtet werden, und langsam erhielt ich ein Maß an Individualität, das es mir ermöglichte, allein zu stehen."

Lesen Sie ihre Lebensgeschichte – sie ist spannend und äußerst lehrreich. Die Frau eines Farmers hatte die Farm mit Hypotheken belastet. Solcherart völlig verarmt ist sie, mit all ihren Besitztümern in einer Tasche und ohne Geld, in eine fünf Meilen entfernte Stadt gefahren, wo sie sich 10 Dollar lieh, die sie einem Schuster abgebettelt hatte. Dann fuhr sie weiter nach San Francisco, gab ihr Geld aus, fastete drei Tage und weigerte sich, obwohl sie hungrig war, irgendeine andere Arbeit anzunehmen als jene, woran sie ihr Herz gehängt hatte: Eine Stelle bei einer Zeitung, die sie schließlich für 6 Dollar die Woche ergatterte, dann verlor und eine andere Stelle fand. Dann warf sie eines Tages ihren Stift nieder und marschierte aus dem Büro, entschlossen, nicht länger anderen zu dienen. Sie stand allein in Matsch und Schnee auf der Straße, mit einem Kapital von lediglich 25 Cent und ihrer Eigenständigkeit, und beschloß, eine eigene Zeitung zu gründen. Sie ging nach Hause, und ihr Vermieter, der wegen ihrer frühen Rückkehr mißtrauisch war, fragte:

„Wurden Sie von ihrem Chef entlassen?"

„Nein", antwortete sie, „ich habe den Chef entlassen."

„Können Sie denn noch für sich sorgen?", fragte er.

„Das kann ich", antwortete sie.

„Wie?", fragte er.

„Ich werde eine Zeitung gründen und sie ist schon jetzt ein Erfolg. Hören Sie zu und ich lese Ihnen meinen ersten Leitartikel vor."

Dann las sie ihm ihren Leitartikel mit dem Titel „Ich" vor, und er saß da und hörte der brennenden Begeisterung und den klingenden Fanfarenklängen der mitreißenden Freiheit zu, bis seine Seele in Flammen stand und sein Gesicht erleuchtet war und er rief: „Ich werde mein Geld auf Sie setzen. Ich habe 20.000 Dollar auf der Bank. Sie können jeden Dollar in Anspruch nehmen, wenn Sie möchten."

Sie lehnte dies ab, bat ihn jedoch um etwas Geduld, bis sie ihre Miete bezahlen könnte. Drei Tage später, als 7 Dollar hereinkamen, tanzten sie freudig um den Tisch herum, bis das Geschirr heruntergefallen und zerbrochen war. Dann folgten weitere Abonnements, Spenden, Wertschätzung, größere Hoffnungen, Pläne, Mut und Erfolg.

Sie besiegte die Armut, indem sie die Angst besiegte, von sich selbst lernte, auf sich selbst vertraute und es wagte zu sagen: „Ich kann und werde es tun."

8.

Planung.

Ein großes Geheimnis für den Erfolg im Leben ist die sorgfältige, kluge und umsichtige Planung unserer Arbeiten im Voraus. Vielleicht übertrifft der erfolgreiche Mann den Erfolglosen in nichts mehr als in der Fähigkeit, die Zukunft vorauszusehen, seine Pläne vorzubereiten und sie so anzuordnen, daß sie seinen Anforderungen gerecht werden, seine Arbeit solcherart darauf zu richten, Zeit-, Geld- und Energieverlust zu vermeiden, und alles darauf auszurichten, daß seine Arbeit unmittelbar dazu beiträgt, daß er sein Lebensziel erreicht.

Alle großen Generäle, Cäsar, Hannibal, Napoleon, Wellington und Grant haben sich durch ihre Fähigkeit, praktische Aktionspläne zu erstellen, hervorgetan, und in einer Vielzahl großer Schlachten wurde der Sieg eher durch eine geschickte, mutige und entschiedene Planung als durch den Einsatz überlegener Kraft gewonnen.

Was ist das Wichtigste an einer guten Planung? Wir sagen, daß das Allerwichtigste Wissen ist. Nehmen wir einmal den General, der gegen die feindlichen Streitkräfte in die Schlacht zieht. Was braucht er insbesondere für die Aufstellung seiner Schlachtpläne? Hauptsächlich Wissen. Er muß die gegen ihn antretenden Kräfte genau kennen; er muß genau wissen, welche Kräfte er zur Verfügung hat; er muß die schwachen und starken Punkte beider Armeen kennen; er muß jeden Zentimeter des Bodens kennen, über den die Schlacht wüten könnte. Kurz gesagt: Je vollständiger und genauer sein Wissen ist, desto besser kann er einen Schlachtplan erstellen und desto größer ist seine Aussicht auf Erfolg.

Der Architekt muß vor dem Baubeginn die Beschaffenheit des Bauplatzes, die Materialqualität, die Kosten und die Zeit- und Wetterfaktoren berücksichtigen und, kurz gesagt, sein Gebäude bereits vollständig im Geiste errichtet haben, bevor er es in Stein und Mörtel baut. Ebenso muß der erfolgreiche General seinen Kampf in der geistigen Arena durchkämpfen, bevor er den Feind erfolgreich bekämpfen kann.

Jeder junge Mensch benötigt also bei der Planung seines Lebenswerks vor allem Wissen.

Erstens muß er wissen, was er physisch, intellektuell und moralisch leisten kann; er muß seine Stärken und Schwächen, seinen Geschmack, seine Neigungen und seine besonderen Begabungen kennen.

Das nächste wesentliche Element für eine erfolgreiche Planung ist ein System, das alle wichtigen Fakten und Faktoren berücksichtigt, die im Leben vorkommen. Jeder junge Mensch sollte sich selbst genau beobachten, seine eigenen Fähigkeiten kennenlernen, seine Talente und seine besonderen Neigungen herausfinden und dann wie ein General seinen Schlachtplan erstellen und seinen Lebensplan entwerfen, wie ein Architekt sein Gebäude entwirft.

Eine große Gruppe junger Menschen scheint keine Pläne, Vorhaben und Absichten formuliert zu haben, die über die Gegenwart und die unmittelbare Zukunft hinausgehen.

Ich habe vor nicht allzu langer Zeit gehört, wie ein angesehener Mann einen großartigen Grund für seinen Erfolg angegeben hat; und auf diese Weise war er unter sehr ungünstigen Umständen aus Unwissenheit und Armut zu einem breitgefächerten Wissen und einer Position mit großer Ehre und Macht aufgestiegen. Er sagte es in diesen Worten:

„Als ich als ein Bursche vom Lande in meiner Jugend die Hochschule besuchte, plante ich vorausschauend für mein Kunststudium fünf Jahre und für mein Studium der Theologie vier anschließende Jahre ein. Ich war arm, mußte während der Ferien mein Geld durch redaktionelle Arbeit verdienen und war während meines Hochschuljahres auch in anderer Hinsicht mit großen Nachteilen behaftet. Aber ich durchlief dank meiner sorgfältig durchdachten Pläne die neun Jahre ohne Abweichung, und wenn ich Erfolg im Leben hatte, war dies weitgehend auf meine Fähigkeit zurückzuführen, meine Arbeit sorgfältig zu planen und mich dann an meine Pläne zu halten, bis ich sie vollendet hatte."

9.

Der richtige Umgang mit Schwierigkeiten.

Es gibt keine bessere Möglichkeit, den Charakter eines Mannes zu testen, als zu beobachten, wie er mit Schwierigkeiten umgeht. Der Feigling vermeidet sie; der Faule versucht, sie zu umgehen; der Faulenzer trottet vor ihnen her und wartet wie Micawber[5] darauf, daß irgendein Wunder geschieht, um sie zu entfernen; der Unselbständige wartet darauf, daß ein Freund ihn darüber hinweghebt. Der Mutige aber überwindet sie.

Jungen Männern stellen sich zwei wichtige Fragen: Wie sollen wir über unsere Schwierigkeiten nachdenken? Und wie gehen wir mit unseren Schwierigkeiten um?

---

[5] Wilkins Micawber ist Angestellter in Charles Dickens' Roman David Copperfield (1850). Er wird traditionell mit dem optimistischen Glauben identifiziert, daß „etwas geschehen wird".

10.

Wie sollen wir die Schwierigkeiten betrachten, denen wir im Leben begegnen?

Dies ist eine Frage von enormer Wichtigkeit, denn von ihrer richtigen Lösung hängt weitgehend unser Glück und unser Erfolg ab.

Wir sollten Schwierigkeiten niemals als Unglück betrachten. Sie gehören oft und bei richtiger Anwendung stets zu unseren größten Segnungen. Auf Schwierigkeiten reagiert der Verstand mit aktivem Handeln, der Erfindungsgeist wird geweckt, wir werden zur Anstrengung angespornt, sammeln unsere Ressourcen und setzen sie für Wachstum und Steigerung ein.

Für junge Menschen sind Schwierigkeiten das, was der Wind für die junge Eiche ist; sie veranlassen uns dazu, zäher zu werden und in unserem geistigen und moralischen Sein kräftigere Wurzeln zu fassen. Schwierigkeiten weisen uns auf unsere großartigsten Möglichkeiten hin und werden zu einem großen Ansporn und zu einer Inspiration für unsere unentwickelten

Kräfte. Sie rufen unsere verborgene Stärke hervor. Sie sind himmlische Instrumente, um die schlummernden Kräfte in uns zum Leben und Handeln zu erwecken.

Ein junger Mann mit vielen Schwierigkeiten muß sich bei Gott bedanken und Mut fassen. Er sollte das Wort S-c-h-w-i-e-r-i-g-k-e-i-t-e-n buchstabieren, sollte es aber wie „Möglichkeiten" aussprechen.

11.

Wie sollen wir mit unseren Schwierigkeiten umgehen?

Zuerst müssen wir uns ihnen stellen. Viele der Schwierigkeiten im Leben sind eher imaginär als real. In dem Moment, in dem uns ihnen entschlossen zuwenden, schwinden sie zur Bedeutungslosigkeit dahin. Studieren Sie sie genauso sorgfältig wie einen Gegner im Kampf, den Sie unbedingt besiegen wollen. Lernen Sie von Freund und Feind alles über die Schwierigkeiten, denen Sie begegnen. Denken Sie daran, daß Sie geboren sind, um zu siegen, und beschließen Sie, ein Gewinner zu sein. Es darf keine Furcht, kein Jammern, kein Warten, keine verweichlichte, kindliche Abhängigkeit von anderen geben. Ihre eigene rechte Hand, Ihr eigenes starkes Herz, Ihr eigener unbezähmbarer Wille können Ihnen zum Sieg verhelfen.

Nehmen Sie Ihre Schwierigkeiten auf sich, wie die Athleten ihr hartes Training mit einem Willkommensgruß begrüßen. Denken Sie daran, daß jede überwundene Schwierigkeit mehr Stärke bedeutet.

Lesen Sie die Lebensgeschichten der größten Männer der Welt und sehen Sie, wie sie Armut, Vorurteile und Widerstand überwanden. wie sie über körperliche Schwäche triumphierten (wie sie durch Schwierigkeiten „aus ihrem Zustand der Schwäche erstarkten"); wie sie geistige und moralische Mängel überwanden, sich in Wettbewerben und Schlachten als Sieger erwiesen und zu Männern wurden, denen die Welt Untertan war, weil sie Schwierigkeiten überwunden hatten.

Überwinden Sie Ihre Schwierigkeiten und Sie erobern die Welt.

12.

Selbstbehauptung als Erfolgsfaktor.

So manchem gebildeten Mann mit guten Umgangsformen und Fähigkeiten gelingt es nicht, eine zufriedenstellende Position im Leben zu erlangen, weil es ihm an Selbstbehauptung mangelt. Er hat einen ängstlichen Charakter und verabscheut die Öffentlichkeit; der Gedanke, sich vorwärts zu drängen, ist ihm zuwider, und so wird er von den vorauseilenden energischen Leuten um ihn herum zurückgelassen, von denen viele nur einen Bruchteil seiner Fähigkeiten oder natürlichen Talente besitzen.

Viele junge Menschen haben eine völlig falsche Vorstellung von der Bedeutung einer gesunden Aggressivität. Sie verwechseln sie häufig mit egoistischer Prahlerei, verurteilen sie als Mangel an Bescheidenheit und betrachten sie als ein Zeichen einer kleingeistigen niedrigen Seele. Sie glauben, daß es unangemessen ist, einen guten Eindruck in Bezug auf ihre eigenen Fähigkeiten zu machen, und sie schrecken vor dem Blick der Öffentlichkeit zurück. Sie glauben, daß sie, wenn sie hart arbeiten, selbst im Ruhestand, schon zurechtkommen werden.

Tatsächlich ist es jedoch in diesem Zeitalter des Wettbewerbs nicht nur unabdingbar, daß unsere geistigen Lagerhäuser gut mit höherwertigen Gütern bestückt sind, sondern es ist auch notwendig, sie zu bewerben. Denn selbst ein minderwertiger Artikel wird sich rasch verkaufen, wenn er nur gut beworben wird, während ein höherwertiger ohne Werbung nur mit Verlust verkauft werden kann.

Niemand mag einen aufdringlichen, eingebildeten, zu selbstbewußten jungen Kerl, der stets mit einer Liste seiner Errungenschaften und Tugenden aufwartet und sie jedem, der ihm zuhört, aufdrängt. Er ist das genaue Gegenteil des in sich ruhenden jungen Mannes, der, obwohl er sich seiner Macht bewußt ist, keine Schau daraus macht, sondern sich einfach so beträgt, als kenne er sein Geschäft gründlich.

Auf die Frage, was sie tun kann, gibt eine bescheidene, aber selbstbewußte Person keine schwachen, zögernden Antworten à la: „Ich glaube, ich kann das tun" oder „Vielleicht könnte ich es tun", wodurch nicht nur in ihrer eigenen Meinung, sondern auch in der des Fragestellers ein Gefühl des Zweifels entsteht, das zweifellos zu ihrem Nachteil wirkt. Sie weiß vielmehr, daß sie bestimmte Dinge tun kann, und sie sagt es mit einem Vertrauen, das auf Überzeugung beruht.

Dies ist die Art von Selbstbehauptung oder Selbstvertrauen, die junge Männer und Frauen kultivieren müssen, wenn sie sich zu ihrem vollen Wert erheben wollen. Es ist eine Eigenschaft, die ebensoweit von einer überhöhten Selbsteinschätzung entfernt ist, wie die ruhige Ausübung bewußter Macht im Vergleich zur Scharlatanerie.

Tausende von jungen Männern und jungen Frauen besetzen heutzutage aufgrund ihrer übermäßigen Demut oder aus Angst, wie Vordrängler zu wirken, minderwertige Positionen. Viele von ihnen sind sich bewußt, daß sie viel besser sind als ihre Vorgesetzten, und sind folglich unzufrieden, weil sie das Gefühl haben, daß ihnen Ungerechtigkeit widerfahren ist, weil sie zugunsten aggressiverer Mitarbeiter übergangen wurden. Aber sie können sich dafür nur selbst die Schuld geben. Sie waren zu bescheiden, um sich zu behaupten oder Verantwortung zu übernehmen, als die Gelegenheit sich bot, da sie dachten, daß ihre wirklichen Fähigkeiten mit der Zeit von ihren Vorgesetzten entdeckt und sie entsprechend befördert werden würden. Aber ein junger selbstbewußter Mensch, der bereit ist,

Verantwortung zu übernehmen, wird die Aufmerksamkeit seiner Vorgesetzten auf sich ziehen und wird befördert, während ein zurückgezogener, sich selbst erniedrigender, aber viel begabterer junger Mensch, der neben ihm arbeitet, übergangen wird.

Es ist unnötig zu sagen, daß Anerkennung in jedem Fall verdient werden muß. Es bleibt jedoch die Tatsache bestehen, daß ein junger Mensch, egal wie fähig er ist, keine Chance hat, voranzukommen, wenn er sich selbst nicht so recht wertschätzt, und wenn er über kein Machtbewußtsein verfügt und über keine Bereitschaft, Verantwortung zu übernehmen, mit welchen Eigenschaften er andere beeindrucken und welche ihm die Tür zur Anerkennung öffnen könnten.

„So leider steht es nun"[6], daß dieser bescheidene Mensch, der sich aus dem öffentlichen Blick zurückzieht und im Geheimen arbeitet, vergeblich darauf wartet, entdeckt und gepriesen zu werden. Die Welt bewegt sich in diesem zwanzigsten Jahrhundert zu schnell, um zurückschreckende Fähigkeiten zu bemerken. Wir alle müssen auf die Welt zugehen. Wir brauchen uns

---

[6] Hamlet, 2,2.

nicht mit der Vorstellung zu täuschen, daß sie zu uns kommt, egal wie fähig oder verdienstvoll wir auch sein mögen. Zwar kann die tatsächliche Unfähigkeit niemals hoffen, sich durch eigene Selbstbewußtsein und aggressive Methoden durchzusetzen, es kann jedoch gelingen, sich eine Zeitlang weiter voranzutreiben. Es ist jedoch ebenso wahr, daß ein zurückschreckendes, sich selbst unsichtbar machendes Talent kaum jemals erfolgreich werden wird.